W0469799

© 2005, Éditions du Rouergue, Parc Saint-Joseph BP 3522
12035 Rodez cedex 9, tél. : 05 65 77 73 70, www.lerouergue.com
Ouvrage réalisé par le studio graphique des Éditions du Rouergue
Loi n° 49-956 du 16 juillet 1949 sur les publications à destination de la jeunesse.
VARIA

Nina Blychert Wisnia

Rêves
d'animaux

Achevé d'imprimer
en janvier 2005
sur les presses d'Ecograf
ISBN: 2 84156617X
Dépôt légal: avril 2005

Éditions du Rouergue

Le matin, les portes du ZOO ouvrent tôt pour accueillir tous les enfants.

ZOO
ENTRÉE
EXTRA!
La gazette du ZOO

À la fin de la journée,
un flot d'enfants excités
et bruyants sort du ZOO,
des ANIMAUX plein la tête.

ZOO
SORTIE
TIGGRRRE !!!
Maman, tu ressembles à un LION !!!

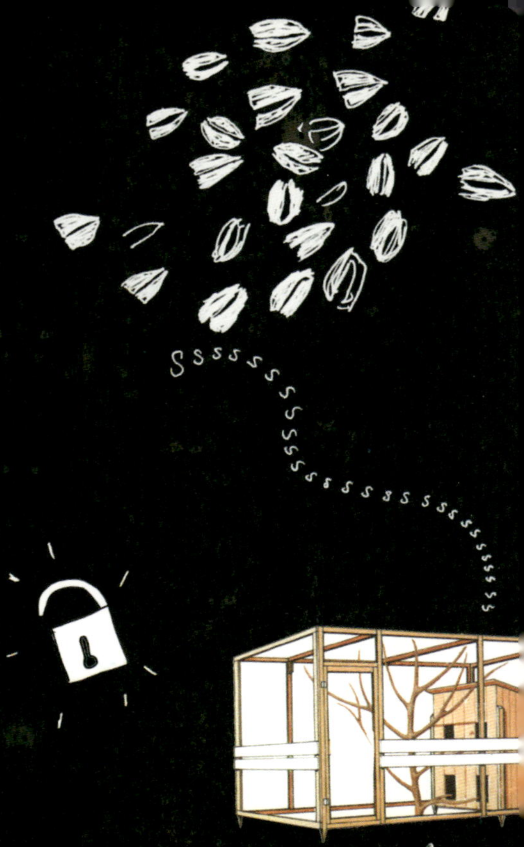

LA NUIT, le ZOO est fermé.
Dans leurs RÊVES,
les enfants ouvrent les portes
du ZOO et les animaux
S'ÉChappent de leur cage…

ZOO
hh Hukka-Hukka: hua
PRRAAHHH!!!
PPRRAAHH!!!
Grrrrrrrrr.....

... et c'est exactement ce qu'ils font ...
dans Leurs RÊVES d'animaux !

 Et à quoi d'autre les

animaux rêvent-ils ENCORE ?

LOUP

Je suis si fatigué...
Et qu'est-ce que j'ai eu au menu aujourd'hui encore?
UN STEAK et deux ou trois SAUCISSES ridicules... J'en ai MARRE!
Ce n'est pas de la nourriture de loup ça!
J'ai tellement faim... une faim de **LOUP**!
C'est épuisant... ZZZ

Le loup est un animal gris (le plus souvent).

Mes amis loups rêvent souvent
qu'ils chassent des agneaux, mais moi
je rêve de repas beaucoup plus raffinés...

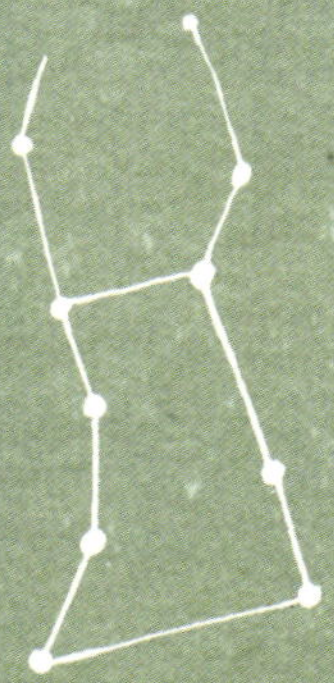

— Redouté, la plupart du temps.

Et si je mangeais un perroquet... ?

Dans mes rêves, je me déguise en dame pour approcher plus facilement mes victimes...

DENTISTE

Que vous avez de grandes dents, mademoiselle Wolf !

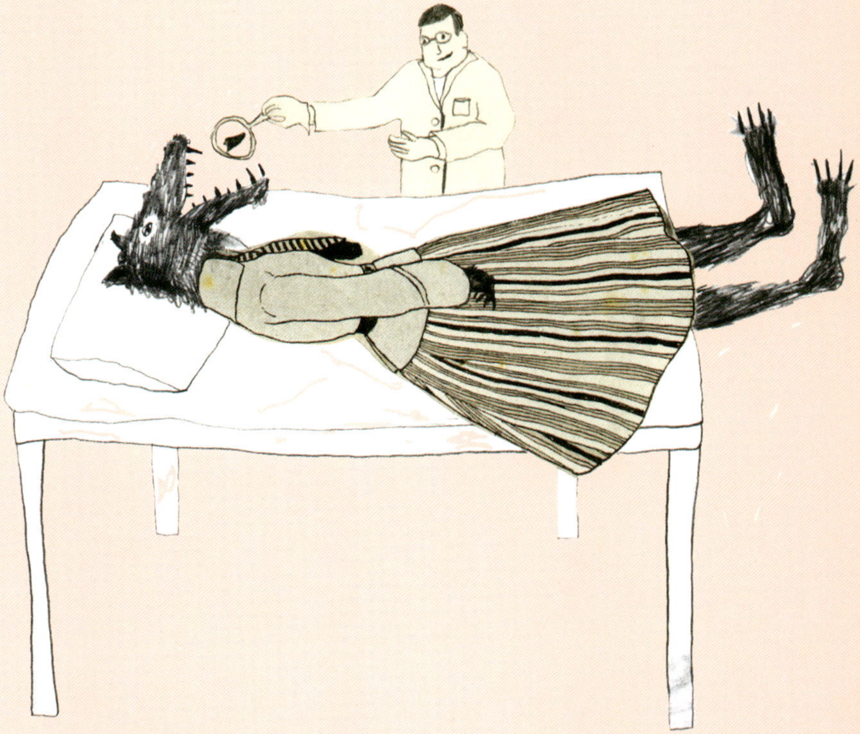

Enfin un peu de nourriture digne de ce nom !

CROCODILE

Il est difficile d'apercevoir le crocodile
à cause de son camouflage vert...
Et remarquez comme il reste tapi, immobile.

Mes rêves sont tellement PASSIONNANTS
que je fais souvent des petites siestes...

ORIGINAIRE : Afrique de l'Ouest.
Il peut atteindre jusqu'à six mètres de long.

RÊVE
Dans mes rêves je peux changer de camouflage...
- Génial !
CROCODILE Osteolæmus tetraspis

Bon Appétit !!!
... et devenir ce que je veux...
Viandes
À TABLE MAINTENANT!
Je peux en avoir un morceau?

Quand une goutte vous tombe sur le nez, êtes-vous sûr que c'est de la pluie ? Ce sont peut-être des larmes de crocodile...

Quand vous passez devant un mur en briques, avez-vous déjà imaginé que j'étais peut-être caché LÀ ?

LES AUTRES REPTILES DE LA FAMILLE DU CROCODILE ont probablement des rêves similaires.

ÉLÉPHANT
Je suis si gros..
7000 kg
L'équivalent de
cinq voitures.
genre Elephas indicus
& espèce: Éléphant Indien

Je me suis toujours demandé pourquoi
la nature a fait des choses toutes
petites et d'autres très grosses...
et d'autres ÉNORMES !

... je rêve d'être

petit !!!

Ma maison est un Champignon
mon dîner, un morceau de SUCRE
Il est l'heure de se dire AU revoir.
et j'adore faire pipi au pied des arbres.
Au secours !
Chut ! Il me semble entendre des rugissements familiers...

Bienvenue chez les
Chats sauvages
Rêves tonitruant
Rock'n roll !!!
genre & espèce: Panthera tigris
tigre

Quand je ronronne, je suis heureux,
quand je crache, c'est qu'on
me cherche des ennuis,
quand je rugis, je suis furieux
ou j'ai une faim à remuer ciel et terre.
Nous les félins, nous aimons faire du bruit,
et plus encore dans nos RÊVES.

POLONAISE
Miaou !
17
Les rêves deviennent réalité…
10
TAM
TAM
FROSINI

A MAJOR
PIM-FROSINI

Dans nos rêves,
nous sommes tous
Musiciens.

Même les girafes,
du haut de leur gigantesque cou,
parviennent à entendre
ma terrible voix.

Quand le lion donne toute puissance à sa voix, tous les autres lions se joignent à lui et la forêt résonne d'un concert terrifiant… ***Animals of Africa*, Jack Peterson, 1972**

GIRAFE

J'ai 32 dents,
ce qui est tout à fait normal.
Mais mon cou est interminable.
Je sais, tout
LE MONDE m'envie
cette hauteur !

... Hum, pas assez grande !
7 mètres de haut.
Le plus grand des mammifères.
genre & espèce: Giraffa camelopardalis famille Giraffidae.

Mais je rêve d'avoir un cou plus long

Pour faire le tour du monde.

Pour sauver des centaines d'enfants d'une inondation.

Pour être plus GRANDE que la tour Eiffel.
... si looong, que je peux même sortir de mon rêve,
Pour faire du
XXXL
direction la
RÉALITÉ

— Mais à quoi rêvent-ils?

LA MAISON DE LA FOURRURE
RENARD 50000 £
100%
LEOPARD £100000
OUVERT À TOUS LES ENFANTS
ZOO
OUVERT 9h-18h
Café La Girafe
Peluche Géante £100
Guide du consommateur
Les meilleures pièces de l'alligator
chaussures
portefeuilles
sacs à main
porte-monnaie
bracelets de montre
valises
ceintures
GRRRRR
SERPENT
IMPASSE DU PUMA E.1
PUMA

BONNE NUIT...

jeu de loup
1
2
3
Vous êtes promue première ballerine : + 500 points.
4
5
Saucisses périmées : reculez de 3 cases.
PRISON
24
Allez en prison immédiatement et passez votre tour.
25
26
27
Un baiser de la lune : + 700 points.
28
29
30
Loup gagnant !!!
31
Vous vous êtes fait manger par un agneau : retour à la case départ.
32
33
-700 points
34
35